Carola Kleinschmidt

Hallo Stress,
mir geht es gut

Tipps zum
Runterkommen
von Atempause bis
Zeitgewinn

Mit Illustrationen von Kai Pannen

Kösel

Die Autorin

Carola Kleinschmidt, Diplombiologin, Journalistin und Trainerin, beschäftigt sich seit Jahren mit dem Thema Gesundheit und Arbeitswelt. Sie hält Vorträge und gibt Workshops zum Thema »Psychische Gesundheit – Handeln, bevor der Stress im Job krank macht«. Im Kösel-Verlag veröffentlichte sie u.a. den Bestseller *Bevor der Job krank macht* sowie *Burnout – und dann?* www.carolakleinschmidt.de

Der Illustrator

Kai Pannen studierte Malerei und Film in Köln. Seit 1990 arbeitet er als Illustrator und Trickfilmer. Ein Schwerpunkt seiner Tätigkeit ist die Buchillustration. Für den Kösel-Verlag zeichnete er u. a. die erfolgreichen Bücher mit dem Glücksschaf Oscar: *Kopf hoch!*, *Nur Mut!*, *Viel Glück!* und *Alles Liebe*. Kai Pannen lebt und arbeitet in Hamburg. www.kaipannen.de

Inhalt

Vorwort   4

Apfel   6

Melone   8

Orange   10

Weintrauben   12

Birne   14

Beeren   16

Nuss   18

Zitrone   20

Kirschdrilling   22

Banane   24

Mango   26

Erdbeere   28

Kokosnuss   30

Mirabelle   32

Kaktusfeige   34

Obstschale in zwei Minuten   36

Obst für jeden Tag   38

Fruchtiges Übungsverzeichnis   39

Quellen und weiterführende Literatur   40

Vorwort

Hach, wie schön wäre es, wenn wir den Stress in unserem Leben einfach wegessen könnten: Ein Äpfelchen geknabbert, einen Orangensaft getrunken, eine Nuss geknackt – ein paar Vitamine mehr und schon füllen sich unsere Energie-Akkus und Gelassenheit macht sich breit. Natürlich ist es nicht ganz so einfach. Aber es gibt doch eine wichtige Parallele zwischen gesunder Kost und gesunder Balance: Vor allem die kleinen Veränderungen machen den großen Unterschied – wenn sie zur guten Gewohnheit werden. Wer statt Chips öfter mal Äpfel nascht oder seinen Durst statt mit sieben Tassen Kaffee mit einem Liter Wasser löscht, ernährt sich gesünder. Und wer öfter kleine Pausen einlegt, statt nonstop durch den Tag zu rennen oder sich eher fünf als fünfzig Minuten über einen Kommentar des Kollegen ärgert, stärkt seine Psyche enorm.

Wenn man die Tagesläufe von Gestressten und Gelassenen vergleicht, sieht man sehr deutlich, dass gerade die kleinen Unterschiede viel verändern. Dabei ist die wohl größte Gabe der Menschen, die auch turbulente Zeiten gelassen meistern, dass sie auch im größten Trubel sich selbst und ihre Kräfte nicht aus dem Auge verlieren. Sie haben ein Gespür dafür, welche Aufgaben sie locker meistern, bei welchen sie sich Hilfe holen sollten und wann sie eine Auszeit von Anstrengungen oder Anforderungen brauchen. Sie fordern sich gerne, aber sie vermeiden permanente Überforderung. Sie sind gerne für andere da, aber sie können auch mal Nein sagen, wenn sie all ihre Kraft gerade für sich selbst brauchen.

Leider fällt es vielen von uns schwer, genau diese Balance hinzukriegen. Warum? Ganz ehrlich: Es ist vor allem Mut, der uns fehlt. Oft spüren wir sehr deutlich, wann uns alles zu viel wird oder welche Aufgaben stark belasten. Auch wissen wir meist durchaus, was uns entspannt und wann wir eine Auszeit vom Trubel bräuchten. Aber wir bremsen uns selbst mit Sätzen wie: »Ich würde ja gerne Nein sagen, aber ich kann doch nicht ...«, »Einer muss es ja machen ...« oder »Ich muss das tun, sonst ...«. Dazu kommt die Sorge, dass man auf keinen Fall selbstsüchtig oder egoistisch erscheinen möchte. Doch zwischen selbstsüchtig und selbstfürsorglich liegt ein riesiger Unterschied. Die Selbstsüchtigen kreisen ständig um sich und ihre Bestätigung. Die Selbstfürsorglichen haben ein völlig anderes Motiv: Sie wissen, dass sie sich selbst und ihren Ansprüchen an sich (auch in der Verantwortung gegenüber anderen) nur gerecht werden, wenn es ihnen gut geht und sie ihre Kräfte zusammenhalten. Sie achten auf ihren Energiehaushalt, weil sie nur so das Leben führen können, dass sie richtig finden und weil sie es sich wert sind, ein gutes Leben zu leben. Tag für Tag. Dieses Büchlein möchte Sie stark machen für den Umgang mit dem täglichen Stress, den wir alle kennen. Denn ich bin aus tiefstem Herzen der Überzeugung, dass es völlig normal ist, ein pralles Leben zu führen, in dem viel los ist. Aber dass wir uns deshalb ständig unter Dauerstress fühlen und uns in unserem Alltag erschöpfen, muss nicht sein. Um die Tipps schmackhafter zu machen, haben wir sie Ihnen mit leckerem Obst serviert: Vitamine für die Seele. Guten Appetit und viel Vergnügen damit!

Ihre Carola Kleinschmidt

Apfel

Ich bin ein wahrer Tausendsassa. Es gibt schier unendlich viele Sorten von mir. Da kommt jeder auf seinen Geschmack. Und so verzehrt jeder Deutsche etwa 20 Kilogramm Äpfel im Jahr. Außerdem bin ich auch voller gesunder Wirkstoffe: Wer regelmäßig Äpfel isst, schützt sich nach wissenschaftlichen Studien vor allen möglichen Leiden von Asthma bis Herzleiden. Daher kommt auch der Spruch »Ein Apfel am Tag hält den Doktor fern«.

Was der Apfel für unsere Ernährung ist, sind Pausen für unsere Psyche: Eine kleine Maßnahme mit großer Wirkung für unsere Gesundheit – vorausgesetzt, man gönnt sie sich regelmäßig. Wer seinem Körper und Geist mehrmals am Tag eine kleine Auszeit von der Anstrengung gönnt, ist abends weniger erschöpft und gestresst und schläft nachts besser, zeigen Studien.

Warum das so ist? Weil wir als Menschen dafür gemacht sind, zwischen An- und Entspannung zu schwingen. Weder Dauerstress noch Dauerchillen ist unsere Natur. Anspannung brauchen wir, wenn wir uns auf ein Problem oder eine Aufgabe konzentrieren. Unser Gehirn arbeitet dann in einem sehr fokussierten Modus, wir blenden aus, was rechts und links von uns passiert oder ob wie Hunger oder Durst haben. Auch unser Körper ist in voller Einsatzbereitschaft. Die Muskeln angespannt, das Herz schlägt fester. Doch nach der Anspannung brauchen wir eine Pause, in der wir regenerieren und auch darüber reflektieren können, ob wir überhaupt auf einem guten Weg in Richtung Lösung sind. Machen wir nonstop und stur weiter im Modus Anspannung, kippt das System in die Erschöpfung. Typische Anzeichen sind: schlechte Laune,

Ärgergefühle oder angespannte Müdigkeit. Der Körper meldet sich mit Verspannungen, Schmerzen oder Schlafproblemen.

Kurze über den Tag verteilte Pausen sorgen dafür, dass unser Kraftsystem zwischen An- und Entspannung abwechseln kann – und damit nicht überstrapaziert wird. Studien zeigen dabei, dass Erholung zeitnah nach einer Anstrengung am effektivsten ist.

Für Bildschirmarbeiter sind übrigens pro Stunde fünf Minuten Pause von der Computerarbeit empfohlen (und auch offiziell erlaubt). Für Kopfarbeit gilt: Nach 60 bis 90 Minuten sinkt die Konzentrationsfähigkeit rapide. Eine kurze Pause sorgt dafür, dass der Akku sich wieder auflädt.

Übung
Die Minipause

Bereits ein bis drei Minuten können wir als effektive Pause nutzen:

- Atempause: Bereits mit vier tiefen Atemzügen (Sie spüren, wie der Bauch sich beim Einatmen vorwölbt) beruhigen wir unser Stress-System: der Herzschlag wird ruhiger, die Muskeln entspannen sich, die Gedanken werden weiter – und es wird auch leichter, Ärger oder Ängste loszulassen.
- Mini-Urlaub im Kopf: Gedanken an etwas Schönes dimmen das Stress-System. Ebenso hilft lachen, sich strecken und recken, ein Lied summen.
- Ablenkung: Konzentrieren Sie sich eine Minute lang auf eine angenehme Sache. Betrachten Sie zum Beispiel den Baum vor Ihrem Fenster mit echter Aufmerksamkeit oder den Himmel und sein Wolkenspiel. Das macht den Kopf frei.

Melone

Wir Melonen sind die Erfrischung im Sommer. Kugelrund türmen wir uns auf der Obsttheke. Zugegeben: Ein bisschen Angeberei ist schon dabei. Denn in unserer großen Hülle steckt eigentlich nicht viel. Ich sage nur: 96 Prozent Wasser ... Eine halbe Melone ist blitzschnell verputzt. Ob wir reif sind, kann man übrigens durch lockeres Klopfen auf unsere Schale herausfinden: Wir klingen hohl. Auch das noch!

So mancher Stress kommt wie die Melone daher: Er sieht riesengroß und gewichtig aus. Doch würde man mal das Wasser bzw. die heiße Luft aus der Sache rauslassen, würde man sehen: Da steckt nicht halb so viel drin, wie es auf den ersten Blick aussieht. Entweder ist es gar nicht so dringlich oder nicht so wichtig, wie es einem weiß gemacht wurde. Vielleicht ist die Aufgabe im Kern gar nicht so kompliziert. Oder es gibt eine gute Abkürzung zum Ziel. Bleibt die Frage: Wie prüft man, ob eine stressige Situation sich nur auf Mega-Melonengröße aufplustert oder ob sie wirklich sehr bedeutsam und schwerwiegend ist? Stellen Sie sich folgende Fragen:

Übung
Der Melonen-Check

1. Geht es in der Sache wirklich um Leben oder Tod? Falls ja: Geben Sie alles, holen Sie Hilfe, setzen Sie alle Hebel in Bewegung. Ihr hoher Stresspegel ist absolut angebracht! Falls nein: Schalten Sie einen Gang runter und gehen Sie weiter zu Frage 2.

2. Wie wichtig ist die Aufgabe für Sie? Bitte antworten Sie auf diese Frage nicht lapidar mit »Ist doch klar, dass es wichtig ist, sonst würde ich mich doch nicht stressen ...« Überlegen Sie mit innerer Ruhe: Wie wichtig ist MIR das Gelingen auf einer Skala von 1 bis 10, wenn 1 »ziemlich egal« ist und 10 »existenziell« bedeutet.

3. Liegt Ihre Einschätzung höher als 5, ist Ihnen der Erfolg der Sache wirklich wichtig. Anstrengung ist also angemessen. Bitte gehen Sie zu Frage 4. Alles, was Sie als 5 und niedriger einstufen, bedeutet: Wenn Ihre Tage gerade sehr voll sind, haben Sie für diese Aufgaben letztlich keine Kapazität. Verzichten Sie wenn möglich. Oder reduzie-ren Sie zumindest Ihren Anspruch. Geben Sie die Zuständigkeit langfristig ab.

4. Die Aufgabe ist für Sie wichtig, aber Sie hängen fest und sind gestresst? Stellen Sie sich vor, Sie hätten einen Freund oder eine Freundin mit diesem Problem. Was würden Sie ihm oder ihr in dieser Situation raten? Welche hilfreiche Anregung hätten Sie?

5. Keine Idee? Dann klappt es diesmal wohl nicht ohne Stressgefühle. Aber: Was wäre die schlimmste mögliche Folge, wenn Sie in dieser Sache scheitern oder die Aufgabe schlicht ablehnen? Was wäre die beste mögliche Folge?

Wenn Sie alle fünf Fragen für sich beantwor-ten, finden Sie vermutlich für eine aktuelle Stresssituation einen neuen Umgang. Ganz be-stimmt können Sie aus Ihren Antworten etwas für zukünftige ähnliche Situationen schließen.

Orange

Als Orange bin ich lecker und erfrischend. Mit gutem Grund bin ich die häufigst angebaute Zitrusfrucht weltweit. Vor allem als Saft liebt man mich zum Frühstück genauso wie für Zwischendurch – wer sich flott etwas Gutes tun möchte, trinkt ein Glas kühlen O-Saft.

Was tut Ihnen gut? Womit erfrischen Sie Ihre Seele? Jeder Mensch hat seine ganz eigenen Leidenschaften und Tätigkeiten, die ihm einfach Spaß bringen. Wenn man sich diesen Dingen widmet, fühlt man sich eins mit sich, mit seinem Tun. Kleines Glück entsteht. Der eine schraubt an seinem Fahrrad oder Auto, um sich zu entspannen. Der andere liebt es, in einem Café zu sitzen und Leute zu beobachten. Sport, lesen, gärtnern, kochen sind für viele Menschen solche Lieblingsbeschäftigungen. Meist widmen wir uns diesen Dingen, wenn wir mit unseren Pflichten fertig sind. Leider rutschen sie uns weg, wenn der Tag zu viele Pflichttermine hat. Lassen Sie dies nicht mehr zu. Denn gerade diese Zeiten, in denen wir uns den Dingen widmen, die uns guttun, geben uns Kraft.

Übung
Kraftvolle Leidenschaft

Was tun Sie einfach gerne? Wobei entspannen Sie sich?

- Notieren Sie auf ein Blatt Papier untereinander mindestens 30 Dinge, die Sie gerne machen. Von klein bis groß, auch Tätigkeiten, die Sie gerne tun würden, zu denen Sie aber derzeit nicht kommen.
- Notieren Sie nun neben den einzelnen Lieblingsbeschäftigungen eine Einordnung mit A und B. A steht für: Entspannt mich und gibt mir kurzfristig Kraft. B steht für: Erholt bzw. energetisiert mich tiefer und langfristig.

Sorgen Sie dafür, dass Sie nicht nur die Lieblingsbeschäftigungen im Leben haben, die einen kurzen Kick oder Erholung liefern, wie Fitness-Stunde, Espresso im Lieblingscafé etc., sondern dass Sie auch regelmäßig Ihre gewichtigeren Kraftquellen anzapfen. Vielleicht ist es das Wochenende mit Ihrem Partner, eine Wanderung mit einem Freund oder ein Schweigetag im Kloster.

Weintrauben

Wussten Sie, dass die ganze Sache mit dem Wein nur funktioniert, weil ein Winzer sehr beherzte und klare Entscheidungen trifft? Wein ist eigentlich eine Kletterpflanze – doch wenn ein guter Tropfen aus den Trauben entstehen soll, muss der Winzer alles bis auf zwei Äste pro Weinstock wegschneiden. Würde er den Weinstock wuchern lassen, weil er sich nicht entscheiden mag oder auf größere Ernte hofft, würde am Ende gar kein guter Tropfen entstehen.

Machen Sie es mit Ihren Arbeitsaufgaben wie der Winzer mit dem Wein: Entscheiden Sie beherzt, was wichtig ist, und widmen Sie sich den Aufgaben dann einer nach der anderen. Wenn es Ihnen gelingt, jede Aufgabe mit ungeteilter Aufmerksamkeit zu erledigen, kommen Sie besonders flott voran. Multitasking stresst – und funktioniert nicht. Das zeigen aktuelle Studien sehr deutlich: Unser Gehirn kann schlicht nicht zwei Dinge gleichzeitig bearbeiten. Wenn wir telefonieren und zugleich am Computer ein Formular ausfüllen oder eine E-Mail schreiben, springt unsere Denkleistung immer zwischen den beiden Aufgaben hin und her. Das fühlt sich zwar an wie gleichzeitig, ist es aber nicht. Das merkt man, wenn man sich z.B. dabei ertappt, dass man dem Anrufer aus Versehen ein Stück aus der E-Mail laut vorliest. Letztlich gilt: Wer zwei Aufgaben auf einmal erledigen möchte, braucht länger, macht mehr Fehler und strengt sich mehr an. Multitasker haben am Ende des Tages immer das Gefühl, sie seien viel gerannt, hätten aber nichts geschafft. Keine gute Bilanz, oder?

So gelingt Singletasking

- Nehmen Sie sich zu Beginn des Tages fünf Minuten Zeit und planen Sie die nächsten Stunden: Was ist wirklich wichtig? Was steht zuerst an?
- Bündeln Sie kleinteilige Aufgaben wie E-Mails oder Rückrufe und arbeiten Sie diese in 15-Minuten-Zeitfenstern ab. So schaffen Sie ungestörte Zeiten für Aufgaben, die viel Konzentration erfordern.
- Lassen Sie sich in konzentrierten Zeiten nicht unterbrechen – nach jeder Unterbrechung braucht man etwa acht Minuten, um wieder konzentriert arbeiten zu können. Notfalls hängen Sie ein Schild an die Tür (»Bitte nicht stören. Bin in 30 Minuten wieder für Euch da.«).
- Verkneifen Sie sich Ablenkungen: Checken Sie im Meeting keine E-Mails, lesen Sie während eines Telefonats nicht heimlich etc.
- Seien Sie mutig. Multitasker scheuen die Konflikte, die entstehen, wenn man klare Prioritäten setzt. Wer nicht ans Telefon geht, weil er gerade eine andere Aufgabe erledigt, muss aushalten, dass ein Kollege sich später beschwert, man sei nicht gut erreichbar.

Birne

Ja, ja. Wir Birnen sind eher eine zurückhaltende Obstsorte. So mild, dass sogar Babys uns gut vertragen. Trotzdem: Schon der altgriechische Dichter Homer schätzte unser Aroma und für die Babylonier war unser Baum heilig. Als Obst im Kuchen oder in Form von Birne Helene sind wir unschlagbar. Man muss unsere Stärken nur richtig einsetzen.

Die Birne gilt als Hausmannskost, ihr haftet fast etwas Langweiliges an – und dennoch trägt sie ein so großes Potenzial in sich. Wer gelassener werden möchte, tut gut daran, sich ein wenig Birnen-Strategie anzueignen: Zum einen entlastet es, wenn man den Blick stärker auf das lenkt, was man gut kann und was man schon alles geschafft hat, statt ständig Defizite ins Auge zu fassen. So wie bei den Birnen zeigt sich genau dann unser wahres Format und unsere Stärken. Sie werden sehen: Vermutlich machen auch Sie Ihr Ding schon lange in den meisten Bereichen gut genug und in manchen sogar exzellent – auch ohne sich groß anzustrengen.

Aus der Wissenschaft

Die Umfragen der Krankenkassen zeigen: Der hohe Anspruch an sich selbst stresst 44 Prozent der Deutschen enorm. Daran kann jeder für sich etwas ändern: Denken Sie öfter an die Birne. Sie ist gut so, wie sie ist. Gerade durch ihre Milde hat sie ganz besondere Stärken und ihre Liebhaber. Bei Ihnen ist das genauso. Bleiben Sie also gelassen.

Übung
Gut genug

Denken Sie an die eine oder andere Pleite der letzten Zeit zurück und überlegen Sie: Wie oft lag ein Scheitern daran, dass Sie tatsächlich nicht gut genug waren? Wie oft lag es letztlich an anderen Gründen (Der Zeitpunkt war ungünstig; am Ende wurde das Budget gekürzt oder das Projektziel verändert; eine Umstrukturierung kam dazwischen; andere Personen mit mehr Macht hatten andere Ziele; es war nicht so wichtig wie zuerst gedacht…) Vermutlich stellen Sie fest, dass es oftmals gar nicht in Ihrer Macht liegt, wenn die Dinge nicht den gewünschten Weg gehen.

Denken Sie nun an einige Situationen, die Ihnen leicht von der Hand gingen und die erfolgreich waren. Welche Ihrer Stärken kamen hier zur Geltung? Was fällt Ihnen leichter als anderen? Worin macht Ihnen keiner was vor? War es fachliches Können? Ihre soziale Kompetenz? Ihre Geduld? Ihr kreatives oder organisatorisches Talent?

Das sind die Stärken, auf die Sie sich verlassen können. Wenn Sie diese einsetzen, gelingt das meiste, was Sie anpacken. Mehr brauchen Sie nicht.

Beeren

Eine Beere kommt selten allein. Meist kauft man uns gleich im Körbchen. Ein Obstsalat mit Blaubeeren, Himbeeren und Johannisbeeren ist einfach köstlich. Und dazu enthalten wir viele gesunde Stoffe, die gut für Herz und Hirn sind. Eine Beere allein ist fast nichts. Aber alle zusammen haben wir einen starken Auftritt.

In diesem Punkt ähneln wir Menschen den Beeren. Natürlich sind wir auch als Einzelperson stark. Und wir sind auch sehr unterschiedlich. Doch gemeinsam wird vieles einfacher und macht mehr Spaß. Studien zeigen: Neben den aktivierenden Hormonen wie Adrenalin und Cortisol produziert unser Körper in Stresssituationen auch das sogenannte »Kuschelhormon« Oxytocin. Oxytocin triggert unseren Wunsch nach Nähe zu anderen Menschen. Uns mit anderen zusammen zu tun, wenn es stressig wird, liegt sozusagen in unserer Natur. Wenn wir diesem Impuls nachgeben und uns Hilfe oder Mitstreiter suchen, wird die Oxytocin-Produktion weiter angekurbelt. Das wiederum hemmt die Ausschüttung des Stresshormons Cortisol. Freunde sorgen also auf vielfältiger Ebene für mehr Gelassenheit. Die weit verbreitete Ansicht, dass man als Schwächling dasteht, wenn man sich Hilfe holt, kann man also getrost als überholt abtun. Sich Hilfe zu holen, beweist im Gegenteil, dass man mit Druck intelligent umzugehen weiß.

Übung

Wer stärkt mich?
(Wer schwächt mich?)

Menschen, die ohne Vorbehalt zu uns stehen, sind enorm stärkend. Wer ist das für Sie? Malen Sie drei konzentrische Kreise auf ein Blatt Papier und erinnern Sie sich an schwierige Situationen in der Vergangenheit. Fragen Sie sich: Wer hat mich damals gestärkt? Spielen Sie verschiedene Stresssituationen durch. Machen Sie für diese stärkenden Menschen einen Punkt mit Namen in den innersten Kreis. Im zweiten Kreis stehen Personen, die Sie unterstützten, aber Ihnen im Herzen nicht so nahestehen. Außerhalb der Kreise können Sie die Leute notieren, die Sie als eher schwächend empfanden.

Vielleicht stellen Sie fest, dass Sie seltsamerweise oftmals gerade bei eher schwächenden, kritischen Persönlichkeiten Rat suchen, wenn Sie Probleme haben. Vielleicht vermuten Sie bei diesen größere Erfahrung oder einen stärkeren Charakter?
Wenden Sie sich das nächste Mal doch einfach direkt an die Menschen, die Sie innerlich stärken. Denn gestärkt finden Sie auf die meisten Probleme selbst eine Lösung. Jemanden, der Sie maßregelt oder nur gut gemeinte Ratschläge erteilt, brauchen sie nicht.

Nuss

Wir Nüsse sind echte Kraftpakete. Manche von uns haben kaum einen Zentimeter Durchmesser. Aber alles, was eine Pflanze zum Wachsen braucht, steckt in uns. Vitamine, gesunde Öle, viel Energie. Wir haben so viel Power, dass aus einer zierlichen Buchecker eine mächtige Buche wächst.

Nüsse sind das perfekte Sinnbild für den Kern einer Sache. Immer, wenn es stressig wird, lohnt es sich, danach zu fragen: Was will ich im Kern von der Sache? Was ist mein ganz persönliches Ziel dabei? Was müsste mindestens passieren, damit ich sage: Die Aufgabe ist aus meiner Sicht im Kern erfüllt?
Diese Frage ist so wichtig, weil wir gerade unter Druck dazu neigen, alles zu tun.
Aber meist überfordern wir uns damit oder erreichen gar kein Ziel. Wer beispielsweise für

die Überarbeitung und Aktualisierung einer Präsentation nur bis morgen Früh Zeit hat, kommt in Teufels Küche, wenn er sie von Anfang an Wort für Wort überarbeitet und jedes Mal überlegt, was man hier verbessern und dort erneuern könnte.
Geschickter wäre, direkt zu fragen: Was ist der Kern einer sinnvollen Überarbeitung für die morgige Präsentation? Ist die Aktualisierung der Folien das Wichtigste? Ein hübscheres Design? Wäre ein konkretes, neues Ergebnis in der Präsentation zentral wichtig? Eine Kürzung? Wer so arbeitet, wird oftmals erleben, dass der Kern einer Aufgabe in ein bis zwei Stunden erledigt ist.
Und dies gilt nicht nur für den Beruf.

Übung
In einer Nuss-Schale

Erinnern Sie sich an eine Situation aus der letzten Woche, bei der Sie sich geärgert haben, dass Sie viel zu wenig Zeit hatten, um sie gut zu erledigen. Überlegen Sie rückblickend: Was war mir letztlich das Wichtigste, das zu tun war? Was wäre der Kern einer guten Lösung gewesen? Was hätte ich rückblickend auch abkürzen oder weglassen können? Welche Aktion wäre vielleicht gar nicht nötig gewesen und erzeugte Hektik?

Nun blicken Sie in die Zukunft. Denken Sie an eine Aufgabe, die Ihnen schwer auf der Seele liegt oder die Sie stresst. Fragen Sie sich: Was ist der Kern einer guten Lösung? Was müsste mindestens passieren, damit ich sage: Die Aufgabe ist im Kern gut erledigt? Konzentrieren Sie sich auf diesen Kern, wenn Sie die Aufgabe anpacken.

Zitrone

Na, läuft Ihnen sofort das Wasser im Mund zusammen, wenn Sie an mich denken? Verziehen Sie dabei ein wenig das Gesicht? Aber mal ehrlich: Wer isst uns denn schon pur?! Limonade muss man aus uns machen! Köstlich kühle Limonade. Mit oder ohne Zucker – so werden wir von der Frucht, die Grimassen auslöst, zur Frucht, die Entzücken auslöst!

»Wenn Dir das Leben Zitronen gibt, mach Limonade daraus«, ist ein Spruch mit viel Wahrheitspotenzial. Wie bei der Zitrone bedarf es auch im restlichen Leben oftmals nur eines kleines Tricks, um etwas eher Unangenehmes in etwas Neutrales oder sogar Angenehmes zu verwandeln. Vielfach machen wir uns das Leben schwer, weil wir angesichts der Zitronen, die es uns serviert, hadern oder zurückschrecken – statt sie beherzt anzupacken und das Beste aus ihnen zu machen. Vielleicht wird es nicht immer süße Limonade werden. Aber so katastrophal, wie wir befürchten, wird es meist auch nicht. Es ist ja oftmals so: Gerade die Situationen, die uns an unsere Grenzen bringen, schubsen unsere persönliche Entwicklung an. Und sogar, wenn wir scheitern, ergeben sich meist genau daraus neue Perspektiven für unseren weiteren Weg.

Gerade an den schwierigen Situationen in unserem Leben wachsen wir. Denn häufig geben Sie den Anstoß, dass wir unsere gewohnten Pfade verlassen und uns neue Fähigkeiten oder auch Verhaltensmuster aneignen. Und gerade die Dinge, die in unserem Leben richtig schiefgehen, die Projekte, die scheitern, die Bewerbungen, die nicht zum Job führen, stellen die Weichen für unser weiteres Leben. Und oftmals nicht zum Schlechteren.

Übung
Zitrone zu Limonade

Überlegen Sie: Was hat sich in der Vergangenheit aus einer schwierigen Situation für Sie Gutes entwickelt bzw. wie haben Sie die Situation zu einer guten Wende gebracht?
Beleuchten Sie wenigstens drei ehemals schwierige Situationen.
Nennen Sie jeweils mindestens drei positive Folgen, die sich aus diesen kniffligen Begebenheiten ergeben haben, die Sie heute sehen.
Welche positiven Folgen hatte ein Scheitern in der Vergangenheit für Sie bzw. was haben Sie Gutes daraus gemacht?
Nennen Sie auch hier mindestens drei Situationen, in denen Sie scheiterten.
Überlegen Sie, was sich für Sie – vermutlich erst im Rückblick – daraus Gutes ergeben hat.

Kirschdrilling

Bestimmt erinnern Sie sich an Ihre Freude in Kinderzeiten, wenn Sie am Baum oder in der Obstschale einen von uns Kirschdrillingen erwischten. Dreimal fruchtiges Glück! Mit Kirschzwillingen schmückte man seine Ohren, aber die Drillinge zeigte man stolz herum – bevor man sie genüsslich verspeiste. Ja, wir Kirschen sorgen für lachende Gesichter. Im Dreierpack besonders.

Positive Emotionen haben viel Ähnlichkeit mit Kirschen: Sie versüßen uns das Leben und sind im Dreierpack unschlagbar. Warum das? Die amerikanische Psychologin Barbara L. Fredrickson konnte in ihren Studien mit vielen Tausenden Personen zeigen, dass sich diejenigen Menschen in ihrem Leben wohlfühlen, die drei Mal so viele positive wie negative Gefühle am Tag empfinden. Wer ungefähr gleich viele positive wie negative Emotionen erlebt, ist eher gedämpfter Stimmung. Wenn die negativen Emotionen überwiegen, fühlen wir uns deprimiert.[1]

Wenn wir positive Emotionen wie Freude, Zuneigung oder auch Neugier empfinden, öffnet sich automatisch unser Geist und unser Körper entspannt sich. Wir können kreativer denken, sind sozial interessierter und bekommen mehr von unserer Umwelt mit. Unsere Muskeln entspannen sich, das Herz schlägt ruhig. Empfinden wir dagegen Ärger, Wut oder Trauer, ist unser Gehirn auf die schwierige oder traurige Sache fixiert – es sucht fokussiert nach einer Lösung des Problems. Unser Herz schlägt fest, unsere Muskeln spannen sich an. Dieser Modus hat ebenso seine Berechtigung wie die Freude, denn manchmal ist es unverzichtbar, schnell und fokussiert auf ein Problem zu reagieren. Doch wenn sich diese negative Gefühlslage verfestigt, wird sie zum

Stimmungskiller, macht die Welt eng und uns klein.

In schwierigen Zeiten stellt sich natürlich sofort die Frage: Woher sollen da die positiven Gefühle kommen? Das ist aber gar nicht so schwer. Täglich erleben wir vieles, worüber wir uns freuen können, auch in schwierigen Zeiten: Beim Spaziergang spürt man den Wind oder die Sonne auf der Haut – Grund für einen freudigen Moment. Ein kurzes Gespräch mit einer guten Freundin löst Zuneigung aus. Musik macht froh oder auch neugierig usw. Leider nehmen wir negative Gefühle viel stärker wahr und beißen uns gerne an ihnen fest, während wir die positiven Momente oftmals schlicht nicht wirklich an uns ranlassen. So verpufft ihre stärkende Kraft. Die Balance (wieder-)herzustellen hat also viel damit zu tun, dass wir unseren positiven Empfindungen überhaupt erst einmal unsere Aufmerksamkeit widmen. Keiner muss dafür sein Leben komplett umstellen.

Übung
Drei gute Dinge am Tag

Nehmen Sie sich mindestens eine Woche lang jeden Abend vor dem Schlafengehen kurz Zeit und überlegen Sie: Was lief heute gut? Worüber habe ich mich gefreut? Was ist mir gut gelungen? Was waren die guten Dinge in meinem Tag?

Das müssen keine umwerfenden Supererfolge sein. Im Gegenteil. Es geht um die kleinen Dinge, die SIE gefreut haben und eine positive Bedeutung für Sie haben. Notieren Sie in Ihrem Notizbuch mindestens drei Begebenheiten.

Banane

Bananen kann man gut und gerne als starkes Obst bezeichnen. Wir haben ja ein bisschen mehr Kalorien als viele andere Obstsorten, aber weil in uns eben auch viele Mineralstoffe und Vitamine stecken, sind wir die perfekte, stärkende Zwischenmahlzeit. Sportler schwören auf uns.

Woher kommt unsere Kraft? Woraus schöpfen wir Power und Zuversicht, wenn unser Alltag sehr viel von uns fordert? Gesundheitsexperten benennen vier essenzielle Bereiche des Lebens, die für unser Wohlbefinden und unsere psychische Gesundheit wichtig sind. Sind alle vier Bereiche gut aufgestellt, haben wir große Kraftressourcen und können auch abfedern, wenn es in einem Bereich mal richtig rummst. Vorsicht vor dem Vergleich mit anderen: Wenn wir uns umsehen, denken wir dann oft, der Nachbar schaffe es ja auch mit neuem Job, neuem Haus und einem Baby. Wenn man aber genauer hinsieht, merkt man, das stimmt gar nicht.

Leistung: Erfolg und Entwicklung im Job oder in anderen Verpflichtungen stärken unser Selbstbewusstsein.

Beziehungen: Der Mensch ist ein Beziehungswesen. Wer ein stabiles Netz aus Familie, Freunden und Bekannten pflegt, fühlt sich in der Welt gut aufgehoben.

Biorhythmus: Schlafen, Essen, Bewegung sind keine Luxusgüter, sondern Grundbedürfnisse, auf die es sich zu achten lohnt. Wer sich in seinem Körper wohlfühlt, kann Stress besser verkraften.

Spiritualität: Menschen, die in ihrem Leben Sinn empfinden, fühlen sich stärker und verlieren nicht so schnell den Mut. Der Sinn der

Arbeit ist dabei nicht mit dem Sinn des Lebens zu verwechseln. Wer seine Werte lebt und eine innere Haltung zu den Dingen entwickelt, wird innerlich stärker.

Vier Säulen meiner Gesundheit

Malen Sie sich die vier Säulen (Leistung, Beziehung, Biorhythmus, Spiritualität) in ein Heft und schauen Sie, welche Bereiche derzeit bei Ihnen gut und stabil sind und welche etwas bröckeln oder wackeln. Schon das Bewusstsein über die momentanen Kraftressourcen ist hilfreich. Denn wenn man beispielsweise akzeptiert, dass man seine Kraft im Moment braucht, um ein gesundheitliches oder Beziehungsproblem zu meistern, lässt man es in anderen Bereichen des Lebens vielleicht ganz bewusst etwas ruhiger angehen.

Die nächste Frage ist: Was könnten Sie tun, um die vier Lebensbereiche zu stärken? Täte es Ihnen gut, sich mal wieder mit der Sinnfrage zu beschäftigen? Oder ist mehr Bewegung derzeit wichtiger?

Schauen Sie einmal in der Woche auf Ihre Notiz und machen Sie den Schnell-Check: Wie gut bin ich aufgestellt? Wie stabil ist jede einzelne Kraftquelle?

Mango

Unreif bin ich fürchterlich. Mein Geschmack ist seifig und faserig. Reif bin ich hingegen eine echte Gaumenfreude mit meiner feinen Süße, die sich nah der Schale mit einer säuerlichen Note mischt. Wer mich im Supermarkt kauft, tut meist gut daran, mich noch ein paar Tage bei Zimmertemperatur nachreifen zu lassen. Wenn ich anfange zu duften, ist es so weit. Wer gute Mangos essen möchte, braucht also etwas Geduld und ein Gespür für den richtigen Zeitpunkt.

Bei den Mangos zeigt der Duft, wenn die Frucht reif ist und damit ein guter Zeitpunkt gekommen ist, um sie zu essen. Wir Menschen haben letztlich auch ein feines Gespür dafür, ob eine Zeit gerade reif für diese Tätigkeit oder eher für jene ist. Nur leider hören wir fast nie auf unser Gespür, sondern lassen uns von Terminen, Unterbrechungen und Dringlichkeiten einen anderen Rhythmus aufzwingen. Der Preis dafür: Oft fühlt sich unser Tag zerfasert an und verläuft gegen unseren Geschmack. Dabei würden schon kleine Annäherungen an unser persönliches Zeitraster deutliche Entlas-

tungen bewirken. Allgemein kann man sagen: Morgens ist unser Gehirn fit für konzentriertes und kreatives Denken, während nachmittags die sozialen Fähigkeiten ausgeprägter sind. Morgens geht uns die Arbeit an einem Konzept oder eine Idee meist flott und gut von der Hand, während wir uns am frühen Nachmittag mit so einer Aufgabe unendlich quälen. Die morgendliche Hochphase fängt bei manchen (den sogenannten Lerchen) bereits um 7.00 oder 8.00 Uhr an, bei anderen (den sogenannten Eulen) eher gegen 10.00 oder 11.00 Uhr. Hochphasen sind erfahrungsgemäß auch mit einer positiven Stimmung verbunden. Man ist tatkräftig und tendenziell gut gelaunt. Mittags werden die Lerchen natürlich etwas früher hungrig als die Eulen. Ein Mittagstief erleben jedoch beide – dann ist die ideale Zeit für Routine-Tätigkeiten, für komplexe Denkaufgaben ist sie völlig ungeeignet. Oftmals sinkt dann auch die Stimmung ein wenig. Aber keine Sorge, das nächste Hoch kommt gegen 15.00 Uhr (Lerchen) bzw. 17.00 Uhr (Eulen). Wer mit statt gegen seinen Biorhythmus arbeitet, spart viel Kraft, hat bessere Ergebnisse und bessere Laune.

Übung
Auf und Ab

Machen Sie sich ein Bild von Ihrer persönlichen Energiekurve im Tagesverlauf. Malen Sie dazu ein Achsenkreuz. Auf der waagrechten Achse stehen die Uhrzeiten von 6.00 bis 24.00 Uhr. Auf der vertikalen Achse ist das Energieniveau (Skala 1 bis 7) vermerkt. Nun müssen Sie im Laufe einer Woche immer mal wieder auf die Uhr schauen und kurz per Punkt auf Ihrem Achsenkreuz notieren, wie es mit Ihrem Energiepegel gerade aussieht. Beurteilen Sie dazu auf einer Skala von 1 bis 7, wie energiegeladen und kraftvoll Sie sich fühlen und wieviel Schwung Sie haben.
Legen Sie in Zukunft komplexe Aufgaben in die kraftvollen Phasen. Und gönnen Sie sich danach bewusst eine Pause. Auch Ihre absoluten Energie-Tiefpunkte sollten Sie geschickt mit Pausenzeiten oder Routine-tätigkeiten kombinieren. Interessanterweise ist die Energiekurve zwar bei jedem Menschen anders, aber für einen Menschen jeden Tag recht stabil.

Erdbeere

Wenn ich im Mai reife, stehen die Leute an den Obstständen Schlange. Das liegt zum einen natürlich an meinem wunderbaren Duft und vor allem an meinem fantastischen Geschmack. Da ich außerdem wie ein küssender Mund aussehe, bin ich ein Sinnbild für sinnlichen Genuss. Das kommt in unserer hektischen Welt ja oft viel zu kurz – und tut dabei so gut!

Zärtlichkeiten sind viel wichtiger für unsere Gesundheit, als man denkt. In Bezug auf Kinder ist das noch klar: Jeder kleine Mensch braucht Kuscheleinheiten, um sich geborgen und wohl zu fühlen. Doch für Erwachsene gilt dasselbe! Ein Kuss zum Abschied, eine Hand auf der Schulter, ein Streicheln über den Arm – kleine Berührungen lösen in uns eine wahre Kaskade an guten Gefühlen aus, die man sogar messen kann. Der Herzschlag harmonisiert sich, der Blutdruck und die Ausschüttung des Stresshormons Cortisol sinkt. Kurz: Streicheleinheiten sind wahre Stresskiller.
Die Schweizer Psychologin Anik Debrot konnte in Studien sogar nachweisen, dass Menschen, die in ihrer Beziehung häufiger kleine Zärtlichkeiten austauschen, ganz allgemein zufriedener sind und sich im Leben sicherer aufgehoben fühlen als Personen, die auf diese Gesten verzichten.[2] Warum das so ist? Wenn wir einen Menschen berühren oder berührt werden, zeigen wir unmissverständlich: Ich bin für dich da. Berührungen sind viel eindeutigere Zeichen der Zuneigung und Unterstützung als Worte. Diese Kraft entfalten ein paar aufmunternde Worte am Smartphone nicht. Wenn Sie sich also niedergeschlagen oder kraftlos fühlen, kann ein Abend mit dem oder

der Liebsten auf dem Sofa oder auch eine entspannende Nackenmassage manchmal mehr stärken als ein endloses Gespräch über ein vertracktes Problem.

Streicheleinheiten

Gönnen Sie sich Zärtlichkeiten, wie Sie sich Erdbeeren gönnen: Greifen Sie zu, wenn sich die Gelegenheit bietet, ob nun für einen Abend zu zweit auf dem Sofa, um tanzen zu gehen oder für eine Massage. Wir Menschen sind für Zärtlichkeiten gemacht. Auf unserer Haut gibt es sogar Nervenfasern, die auf die typische Frequenz, Geschwindigkeit und Intensität des Streichelns reagieren.

Kokosnuss

Ich bin die Königin der Karibik. Auf manchen Pazifikinseln bin ich die Hauptnahrung. Fett, Zucker, Eiweiß, Mineralien, Vitamine, Flüssigkeit – in mir ist alles drin, was man braucht. Aber ich mache es den Hungrigen nicht leicht, an mein Inneres zu kommen, um mich selbst zu schützen.

Mit dem Nein-Sagen ist es ein wenig wie mit der Kokosnuss: Es ist schwer, die Nuss zu knacken – aber gelingt es, werden enorme Kräfte frei. Stellen Sie sich vor, Sie würden in Zukunft mit einem gelungenen »Nein« nie mehr Aufgaben erledigen, für die Sie gar nicht zuständig sind, oder sich unterbrechen lassen, obwohl sie gerade gar keine Zeit haben. Unmöglich? Stimmt nicht: Gestehen Sie sich ein, dass die Feststellung »Ich kann nicht Nein sagen« schlicht nicht stimmt. Denn natürlich sagen wir ständig und andauern Nein. Wir verwehren dem Bettler den Euro oder dem Kind den zweiten Film am Abend. Wir sagen zu uns selbst Nein, wenn wir weiterarbeiten, obwohl wir lieber Pause machen würden ...

Also: Jeder kann Nein sagen. Das Problem ist eher, dass wir es uns oft nicht trauen. Der Unterschied zwischen den Situationen, in denen wir leicht Nein sagen und denen, in denen es uns schwerfällt bzw. es uns unmöglich scheint, ist folgender: Wenn wir uns selbst und unsere Bedürfnisse für mindestens ebenso wichtig wie die unseres Gegenübers empfinden, ist ein Nein nicht schwer. Geben Sie sich also einen Schubs und begeben Sie sich im Privatleben wie im Job auf Augenhöhe. Es wäre doch zu schade, wenn Sie weiterhin auf die nahrhafte Belohnung verzichten würden, die hinter der harten Schale des Neins steckt. Und nur wer Nein sagt und sich nicht als Opfer fühlt, kann auch mit ganzem Herzen Ja sagen.

Übung
Mehr Nein

1. Hören Sie auf, vorschnell Ja zu sagen. Wenn Sie jemand mit einer unliebsamen Anfrage überfällt, sagen Sie statt einer zähneknirschenden, prompten Zusage lieber: »Ich muss mich kurz sortieren, dann melde ich mich gleich bei dir/Ihnen.« In der Bedenkzeit können Sie überlegen, wie dringlich die Sache tatsächlich ist und wie wichtig es für Sie ganz persönlich ist, dem Wunsch nachzukommen.

2. Sie wollen die Sache nicht machen, aber zögern dennoch, weil Sie nicht als Faulpelz oder Verweigerin dastehen möchten? Versetzen Sie sich im Geiste in die Person, der sie ein Nein mitteilen wollen. Wie würden Sie es erleben, wenn jemand zu Ihnen sagt, dass er diese Zusatzaufgabe oder einen kurzfristigen Wunsch von Ihnen leider nicht erfüllen kann? Vermutlich wären Sie einen Moment lang verstimmt – aber bereits nach kurzer Zeit hätten Sie es akzeptiert. Ihrem Gegenüber wird es mit Ihrem Nein genauso gehen. Ein Nein, das klar und deutlich, ohne Groll und Gekeife benannt wird, zerbricht kein Porzellan. (Auch, wenn wir das immer befürchten.)

3. Stellen Sie sich nun vor, wie Sie sich fühlen werden, wenn Ihr Nein tatsächlich gesagt und Realität ist. Sie werden spüren: Stolz und ein Gefühl von Freiheit machen sich breit.

Mirabelle

Mirabellen sind ja etwas aus der Mode gekommen. Dabei macht man aus uns den besten Schnaps! Früher hatte fast jeder Hof seinen eigenen Mirabellenbrand. Und wie mit jedem Alkohol gilt auch für uns: Wer es mag, kann gerne ab und zu ein Schlückchen trinken. Aber übertreiben sollte man es nicht.

Jeder von uns hat gewisse innere Überzeugungen, die – in Maßen gelebt – durchaus belebend und kraftvoll sind, wie eben ein Schlückchen Mirabellenbrand. Doch wenn man es übertreibt, bahnen sie den Weg in einen Teufelskreis aus Stress und Überforderung. Fast alle Menschen mit Burnout-Erfahrung stellen im Rahmen ihrer Genesung fest, dass sie genau diese »toxischen« Überzeugungen auf den Prüfstand stellen müssen, um dauerhaft gesund zu bleiben. Der Burnout-Experte Matthias Burisch beschreibt typische Überzeugungen, die im Übermaß leicht toxisch werden: [3]

- Nur perfekt ist richtig: *Perfektionisten* macht es nur Spaß, wenn sie Dinge 120 Prozent machen können. Unter 100 Prozent geht es gar nicht. Und 80 Prozent tun weh.
- Die Pflicht ruft: *Pflichtmenschen* engagieren sich in Projekten immer mit vollem Einsatz – auch, wenn es ihre Kräfte übersteigt.
- Schnell ist besser als langsam: Die *Hektischen* empfinden Zeitverschwendung als Todsünde, lieben die Abwechslung und ordentlich Tempo.
- Ich helfe gerne. *Wohltätern* ist soziale Kompetenz und Teamfähigkeit wichtiger als alles andere. Für andere stecken sie fast immer zurück.

- Ich bin stark! Die *Pokerfaces* haben viel Kraft, aber Schwäche würden sie auch niemals zeigen.

Kommen Sie sich selbst auf die Schliche und schaffen Sie sich bewusst neue Freiheitsgrade. Das gelingt zum Beispiel mit Erlaubnissätzen.

Solche Erlaubnissätze ermöglichen es Ihnen, angesichts der nächsten Anforderung auch mal anders zu reagieren als im gewohnten Muster, z.B. entspannter oder bedachter.

Übung
Ich erlaube mir was

- Wenn Sie zu den Perfekten zählen, experimentieren Sie einmal mit dem Erlaubnissatz: »Ich kann perfekt. Und ich setze diese Fähigkeit ein, wenn es sich wirklich lohnt. Aber auch ich darf Fehler machen!«
- Pflichtmenschen hilft dieser Erlaubnissatz: »Ich darf es mir leicht machen. Intelligent arbeiten, nicht hart, ist meine Devise.«
- Die Hektischen, die sich oftmals durch ihr inneres Motto »Beeil dich« in den Stress treiben, sollten den folgenden Erlaubnissatz verinnerlichen: »Ich darf mir Zeit lassen.«
- Die Wohltäter, die es gerne allen recht machen, sollten sich erlauben: »Meine Bedürfnisse sind mindestens so wichtig wie die der anderen. Ich bin der wichtigste Mensch in meinem Leben.«
- Und die starken Pokerfaces profitieren enorm von dem Erlaubnissatz: »Ich darf wahrnehmen und zeigen, wie mir zumute ist.«

Kaktusfeige

Viele haben mich noch nie gekostet. Naja, mit meinen Stacheln sehe ich auch sehr abweisend aus. Aber wer sich traut, hinter meine stachelige Schale zu blicken, bekommt ein Fruchtfleisch, das erfrischend süß-säuerlich schmeckt – an eine Mischung aus Birne und Melone erinnernd – und voller Vitamine steckt. Vielseitig bin ich auch, denn ich schmecke pur ausgelöffelt oder im Obstsalat genauso gut wie als Chutney. Meine Stacheln kann man übrigens einfach abbürsten.

Würden Sie der Kaktusfrucht unterstellen, dass sie die Stacheln nur hat, um Sie zu ärgern? Vermutlich nein. Jedem ist klar, dass die Frucht keinen persönlichen Angriff im Schilde führt. Man bürstet die Stacheln also ohne Groll ab, um an das feine Fruchtfleisch heranzukommen.

Gleichmut, mit der man den Stacheln einer Kaktusfrucht begegnet, kann man sich auch sehr gut zum Vorbild nehmen für den Umgang mit seinen Mitmenschen. Denn: In den allermeisten Fällen steckt keine böse Absicht dahinter, wenn andere uns nerven, in Konflikten unsere wunden Punkte anpieksen, uns stressen oder verletzen. Meist wollen sie ihre eigenen Interessen voranbringen oder sich verteidigen. Sie agieren zu ihrem eigenen Nutzen, aber nicht absichtlich gegen uns. Oft merken die anderen nicht einmal, dass ihre Stacheln uns wehtun.

Gerade in Stresssituationen, die mit anderen Menschen zu tun haben, ist es deshalb sehr entlastend für uns selbst, wenn wir uns Fol-

gendes klarmachen: Wie fühlt es sich an, wenn ich dem anderen keine böse Absicht unterstelle? Wenn ich die Situation betrachten kann, ohne sie mit Groll und Ärger auf den anderen aufzuladen?

Dann wird die Frage vom Chef, ob man ihm mal eben schnell noch dies bearbeiten kann, einfach eine Frage, auf die man mit Nein oder Ja antworten kann. Sie ist dann kein Drangsal mehr, mit dem er uns absichtlich unter Druck setzt, wohlwissend, dass wir wirklich genug zu tun haben ...

Und der Frühstückstisch, der wieder nicht abgeräumt ist, ist kein Wink vom Partner, dass er uns nicht wertschätzt und deshalb alles absichtlich stehen lässt, um uns seine Verachtung oder Macht zu demonstrieren. Es ist schlicht Vergesslichkeit oder Hektik seinerseits. Kein Angriff auf uns. Vielleicht bleibt das ein bisschen ärgerlich. Aber es ist kein Megastress mehr.

Übung
Perspektivwechsel

Wenn Sie sich das nächste Mal von jemandem angestochen fühlen, fragen Sie sich:

- Wie stressig wäre die Situation, wenn ich den anderen nicht böse Absicht, Ignoranz oder Machtgebaren unterstelle?
- Was kann ich selbst tun, um mich in dieser Situation schnell zu entlasten? Völlig unabhängig von den Zielen oder Intentionen der anderen? Statt grummelnd den Frühstückstisch abzuräumen, lässt man sich einfach vom Liebsten zum Essen außer Haus einladen und verbringt einen schönen Abend.

Obstschale in zwei Minuten

Tricks, mit denen man sich den Alltag vereinfacht, nennt man Lifehacks. Auf dem Online-Kanal YouTube kann man sich Dutzende Tipps anschauen, wie man Obst geschickter, schneller oder ohne Sauerei serviert. Zum Beispiel kann man lernen, wie man die saftigen Kerne des Granatapfels in zwei Minuten herausschälen kann, wenn man einfach die Schale anritzt und die Frucht aufbricht. Oder dass man eine Kokosnuss sehr einfach knackt, indem man ringsum mit dem Hammer auf die Schale schlägt. Gerade für Stresssituationen, die uns immer wieder nerven, gibt es ebenfalls eine Reihe von Lifehacks. Es sind Abkürzungen oder Notausgänge aus der Belastung, die Ihren Alltag mit wenig Aufwand sehr entspannen.

Übung
Lifehacks Stressprävention

- Zeitgewinn: Statt Ihrer To-do-Liste ständig neue Punkte hinzuzufügen, fragen Sie sich beim Blick auf Ihre Liste auch: Was kann ich heute weglassen? Kreieren Sie Ihre Not-to-do-Auswahl.

- Das Wichtigste zuerst: Fragen Sie sich bereits zu Beginn des Tages, was Ihnen heute wirklich wichtig ist. Und wenn immer möglich, machen Sie diese Sache zuallererst. Sie sehnen sich nach frischer Luft? Gehen Sie vor der Arbeit 15 Minuten spazieren. Sie möchten eine Sache im Job klären? Erledigen Sie es als Erstes oder machen Sie zumindest sofort einen Termin dafür aus. Sie möchten Zeit mit einem lieben Menschen verbringen? Kaufen Sie Brötchen und bereiten Sie mitten in der Woche ein Sonntagsfrühstück.

Sie werden sehen, Ihr Gefühl für den Tag entspannt sich merklich.

- Lach mal! Wenn Sie eine besonders nervige Situation erleben, fragen Sie sich doch, ob das auch Potenzial für eine gute Geschichte hätte. Können Sie in einem Jahr vermutlich darüber lachen, wie verrückt oder vertrackt das alles gelaufen ist? Falls ja: Lachen Sie sofort darüber.
- Zurück aus der Zukunft: Wenn der Stress überhandzunehmen droht, versetzen Sie sich innerlich in die Zukunft. Für wie bedeutsam würden Sie diese Situation einschätzen, wenn Sie aus dem Abstand von einem Jahr zurückblicken?
- Ich bin dann mal weg: Wenn Sie spüren, dass Ihnen gleich die Hutschnur platzt oder Ihr Kopf einfach nicht mehr will – brechen Sie ab. Verlassen Sie die Situation (notfalls Richtung WC, wenn es sich um ein Meeting oder ein Gespräch handelt). Denken Sie an etwas Erfreuliches oder atmen Sie tief durch. Sobald Sie etwas Distanz zum akuten Stress geschaffen haben, sinkt Ihr Stresspegel, Sie können wieder klar denken und werden schnell eine sinnvolle Lösung entwickeln statt in gestressten Aktionismus zu verfallen.
- Scheibchentaktik: Jede Stresssituation wird kleiner, wenn man sie in Gedanken in Scheibchen schneidet, denen man nacheinander seine Aufmerksamkeit widmet.
- Schlaf: Schlaf ist unsere größte Erholungsressource. Gerade wenn viel los ist, spendet Schlaf Kraft. Auch sortiert sich unser Gehirn in der Nacht, verarbeitet Gefühle und Informationen. Auch das reduziert Stressgefühle. Schlafen Sie also gut!

Obst für jeden Tag

Ihr Obstkorb ist gut gefüllt. Ich hoffe, auch für Sie waren schmackhafte Leckereien dabei. Sie können dieses Büchlein auf zwei Arten lesen: Entweder schauen Sie einfach, welches Obst Sie im wirklichen Leben am liebsten mögen – es könnte gut sein, dass genau der Tipp zur Stressprävention, den dieses Obst symbolisiert, sehr gut zu Ihnen passt. Oder Sie stöbern im folgenden Verzeichnis nach dem konkreten Anstoß zur Stressprävention, der Sie am meisten anspricht.

Zum Abschluss möchte ich Ihnen raten: Probieren Sie die Anregungen aus, die Ihnen spontan gefallen. Und wenn Ihnen etwas zusagt, bleiben Sie für einige Zeit dabei. Denn nur, wenn wir unser Handeln zu einer gewissen Gewohnheit werden lassen, verändern wir unseren Umgang mit Stress dauerhaft und bringen mehr Gelassenheit in unseren Alltag. Eine Faustregel ist die 72-21-Regel: Setzen Sie die Übung, die Ihnen gefällt, innerhalb der nächsten drei Tage (72 Stunden) nach der Lektüre auch wirklich um. Und behalten Sie Ihre neue Gewohnheit mindestens drei Wochen (21 Tage) bei. Dann haben Sie einerseits ein gutes Gefühl dafür entwickelt, was die Veränderung Ihnen wirklich bringt. Und Sie haben sehr gute Chancen, dass Sie Ihren neuen Umgang mit Stress zur Gewohnheit gemacht haben, die Ihnen ganz leichtfällt.

Fruchtiges Übungsverzeichnis

Apfel – Die Kraft der Minipause nutzen 6

Melone – Der Wichtigkeitscheck schrumpft das Problem 8

Orange – Lieblingstätigkeiten als Energiebooster 10

Weintrauben – Singletasking 12

Birne – Gut genug ist perfekt 14

Beeren – Gute Unterstützer finden 16

Nuss – Der Kernpunkt als Abkürzung zur Lösung 18

Zitrone – Das Beste aus Situationen machen 20

Kirschdrilling – Fokus auf das Gute 22

Banane – 4 Kraftsäulen stärken 24

Mango – Die Energiekurve optimal nutzen 26

Erdbeere – Wie Zärtlichkeit entstresst 28

Kokosnuss – Nein-Sagen ist gar nicht so hart 30

Mirabelle – Der persönliche Stresstyp – und passende Soforthilfe 32

Kaktusfeige – Beste Absichten unterstellen 34

Obstschale – Lifehacks-Stressprävention 36

Quellen und weiterführende Literatur

1   Barbara L. Fredrickson: *Die Macht der guten Gefühle. Wie eine positive Haltung Ihr Leben dauerhaft verändert*, Frankfurt am Main 2011

2   Anik Debrot, Dominik Schoebi, Meinrad Perrez, Andrea B. Horn: »*Stroking your beloved one's white bear. Responsive touch by the romantic partner buffers the negative effect of thought suppression on daily mood*« in: Journal of Social and Clinical Psychology 33 (1), 2014/01, S. 75–97; Anik Debrot, Nathalie Meuwly, Amy Muise, Emily A. Impett, Dominik Schoebi: »More than just sex: Affection mediates the association between sexual activity and well-being« in: Personality and Social Psychology Bulletin 43 (3), 2017/03, S. 287–299

3   Matthias Burisch: *Dr. Burischs Burnout-Kur – für alle Fälle: Anleitungen für ein gesundes Leben*, Heidelberg 2015

Verena Steiner: *Energiekompetenz: Produktiver denken, wirkungsvoller arbeiten, entspannter leben*, München 2005

Carola Kleinschmidt: *Burnout – und dann? Wie das Leben nach der Krise weitergeht*, München 2016

Hans-Peter Unger / Carola Kleinschmidt: *Bevor der Job krank macht: Wie uns die heutige Arbeitswelt in die seelische Erschöpfung treibt und was man dagegen tun kann*, München 2006

Frank Berzbach: *Die Kunst ein kreatives Leben zu führen oder Anregung zur Achtsamkeit*, Mainz 2013

Das Magazin *Flow* – für ein kreatives, achtsames Leben

MIX
Papier aus verantwor-
tungsvollen Quellen
FSC® C011124

Verlagsgruppe Random House FSC® N001967

Copyright © 2018 Kösel-Verlag, München,
in der Verlagsgruppe Random House GmbH,
Neumarkter Straße 28, 81673 München
Umschlag: Weiss Werkstatt, München
Umschlagmotiv: Kai Pannen, Hamburg,
www.illustrationsbuero.de
Herstellung und Gestaltung: Heidi Nübling
Druck und Bindung: Mohn Media, Gütersloh
Printed in Germany
ISBN 978-3-466-34690-5
www.koesel.de

Dieses Buch ist auch als E-Book erhältlich.